RECHERCHES

SUR

MICHEL MONTAIGNE.

CORRESPONDANCE RELATIVE A SA MORT.

Je dois à l'obligeance extrême de M. Cuvillier-Fleury d'avoir été mis en rapport avec le directeur de la bibliothèque de Leyde, M. W.-G. Pluygers ; cet actif et laborieux conservateur se souvenant des pages si intéressantes que notre éminent écrivain a consacrées à Montaigne, et heureux de témoigner ses sentiments à un homme dont il admire le talent, dont il estime le caractère, lui offroit communication d'une lettre de P. de Brach relative à la mort du philosophe gascon. M. Cuvillier-Fleury, indulgent comme sont tous les hommes d'un mérite réel, voulut bien penser à moi, jugeant, disoit-il (et en cela, seul de son avis), que j'étois plus digne que lui de cet acte spontané de bienveillance. De ce moment donc, j'entrai en relation avec M. Pluygers, dans lequel j'ai trouvé un correspondant d'une instruction profonde, d'une obligeance inépuisable, et de plus un appréciateur délicat et distingué de notre littérature et de nos écrivains.

La bibliothèque de Leyde possède plusieurs pièces qui se rapportent à l'auteur des *Essais :* 1° une lettre de P. de Brach touchant la mort de Montaigne, dans laquelle on trouve des détails sur sa vie intime, si incomplétement connue, et quelques traits de caractère qu'il est bon de ne pas laisser perdre ; 2° trois lettres de Marie de Gournay qui, par leur ra-

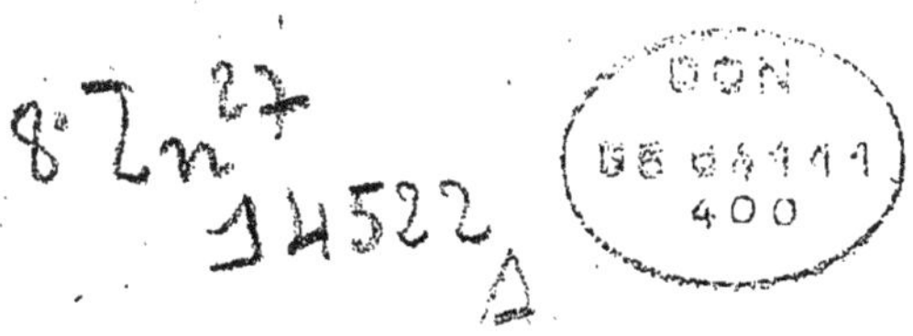

reté, leur contemporanéité de la mort de Montaigne, les sentiments qu'elles expriment, inspirent un vif intérêt, et, de plus, par les détails qu'elles donnent sur les soins que Marie de Gournay apportoit à ses éditions, complètent l'article que j'ai donné dans le *Bulletin* (XIVe série) sur la bibliographie de cette savante fille.

Enfin M. Delpit possède une lettre de condoléance écrite à Mme de Montaigne par un de ses parents, et on trouve dans la correspondance de Juste Lipse une missive à Marie de Gournay, toutes deux relatives à la mort de l'auteur des *Essais;* il m'a semblé qu'il y avoit un intérêt réel à rapprocher ces pièces dictées par un même sentiment et à jeter une fois de plus quelques fleurs sur une tombe trop prématurément ouverte. Cette petite collection épistolaire formera une introduction toute naturelle au travail si intéressant, si érudit, si ingénieux, récemment publié par M. R. Dezeimeris sur les *Épitaphes du tombeau de Montaigne.*

Puisque j'ai nommé M. Dezeimeris et que j'ai dit que l'obligeance de M. Pluygers étoit inépuisable, il me sera permis d'ajouter que bientôt ce dernier recevra un hommage plus digne de lui dans la publication des œuvres d'un autre Bordelois, à laquelle il aura coopéré pour une part très-intéressante.

Dr J.-F. PAYEN.

Octobre 1862.

Pierre de Brach à Juste Lipse.

Monsieur de Montaigne est mort; c'est un coup que ie donne tout à coup dans vostre âme, pource qu'il donne bien auant dans mon cueur : qu'il me desplaist d'estre la corneille d'une si facheuse nouuelle! Mais pourquoy n'auriez vous part au desplaisir de lamertume de sa mort, puis que vous auez eu part en la douceur des fruicts de sa vie; mal à propos apele ie amertume sa mort puis qu'il l'a et goustée et prinse aueques douceur; ainsi la douceur restera à luy et lamertume à nous : la douceur à luy qui, aprez auoir heureusemant vescu, est heureusemant mort, et en un age où au delà il eust trouué plus de mal que de bien, plus de desplaisir que de plaisir à viure, estant suiet à vne impotente goute et à vne doloreuse colique pierreuse : lamertume demeurera à nous et à moy particulieremant pour estre priué de la douce et agreable conuersation d'un homme si rare et priué des fruicts qu'il produisoit (1) ; mais il n'en sera pas comme des arbres, lesquels, le corps estant mort, ne feuillent, ne fleurissent et ne fruitent plus. La verdeur des feuilles et la bonne odeur des fleurs de sa renommée ne se perdra iamais, et les fruicts de son esprit dureront contre les ans tout autant que le gout demeurera entier aus bons esprits, pour iuger et desirer la douceur de si dous et precieus fruicts que les siens. Il m'a faict cet honneur d'auoir faict mention de moy iusques à ses dernieres parolles, ce qui me donne plus de regret de n'y auoir esté, comme il disoit auoir regret de n'auoir personne près de luy à qui il peut desploier les dernieres conceptions de son ame (2). Il vouloit faire comme la lampe qui, preste à deffaillir, esclate et donne jour d'une plus viue lumiere. Je le croy par espreuue : car estant ensemble à Paris, il y a quelques années (3), les medecins des-

(1) Pierre de Brach étoit très-lié avec Montaigne, il lui a dédié un sonnet imprimé dans ses œuvres. Dans deux autres lettres adressées à Juste Lipse et que M. Dezeimeris va publier dans l'édition qu'il prépare de cet auteur, il parle de Montaigne, et dans celle du 6 mai 1604, il dit : « Vos deux lettres furent comme deux trompettes qui esueillerent mon esprit, esueillé qu'il fust, je vous rescrivy et vne et deux fois ; mes lettres etoient couuertes et abillées de deuil ; l'une vous annonçoit la mort du feu seigneur de Montaigne, l'autre celle de M. de Raymond, tous deux mes intimes et particuliers amis et les vostres, etc. » (Florimond de Raymond, lui aussi ami de Montaigne, et qui lui succéda au Parlement.)

(2) Encore un témoignage de l'incorrigible égoïsme de cet homme qui, au dire de Pascal, ne songeoit qu'à mourir *mollement* et *lâchement!* il est sur son lit de mort, il le sait, il le sent, il pense à Marie de Gournay, sa fille d'alliance, charge son frère, La Brousse, de lui dire un dernier adieu ; il pense à de Brach, son ami, et regrette de ne l'avoir pas près de lui ! Un instant et à grand'peine il quitte cette couche, où bientôt il sera sans vie, pour distribuer lui-même à ses domestiques les legs qu'il prévoyoit devoir soulever des difficultés ; il n'a plus que quelques heures à vivre, il fait convoquer ses amis du voisinage pour qu'ils assistent à la dernière messe qu'il entendra, et il expire en faisant effort pour se soulever à l'élévation !!!

(3) Il y a quelques années ! Ceci est écrit en 1593. — De Brach faisoit-il allu-

esperant de sa vie et luy n'esperant que sa fin, je le vy, lors que la mort l'avisagea de plus prez, repousser bien loing en la mesprisant la fraieur quelle aporte. Quels beaus discours pour contenter loreille; quels beaus ensegnemants pour assagir lame; quelle resolue fermeté de courage pour assurer les plus peureux, desploia lors cet homme! Je n'ouy iamais mieux dire ny mieux resolu à faire, ce que sur ce point les philosophes ont dict, sans que la foiblesse de son corps eust rien rabatu de la vigueur de son ame. Il auoit trompé la mort par son assurance, et la mort le trompa par sa conualessence : car n'est-ce pas nous tromper, estants prets de surgir au port, de nous pousser encor au large. Enfin il a attaint ce port et nous a laissez en plaine mer au milieu de mille orages et mille tempestes. Sa mort en est vne qui me bat. Le coup de la mort de ma bien aymée femme m'assena si viuemant, que ie pencoy les coups de toutes autres morts estre morts pour moy et ne me pouuoir blesser. Je cogney le contraire, je voudroy que ce dernier coup m'eut esté comme le dernier coup du bucheron qui rue larbre par terre, bien qu'il soit le plus foible et que les coups premiers aient faict l'effort. Or ie scay, Monsieur, que vous auez eu en beaucoup d'amitié et en beaucoup d'estime feu Monsieur de Montagne, vous en auez donné des tesmoignages publiques durant sa vie, donnez-en aprez sa mort. Nous faisons dresser vne piramide pour son cerceuil, vn plinte sera reserué pour ce que vous dedierez à sa memoire (1). Je garde

sion à cette maladie que Montaigne n'a fait que mentionner dans le récit de son arrestation en 1588 et de son incarcération à la Bastille? Pour un homme qui *s'écoutoit*, comme on dit familièrement, c'eût été parler fort légèrement d'une maladie bien grave. — Voyez les n°s 31 et 32 des Éphémérides de Montaigne, que j'ai publiées en 1855.

(1) J'avois supposé d'après cette phrase que J. Lipse avoit pu être l'auteur d'une des inscriptions, et peut-être des deux (grecque et latine) tracées sur le tombeau de Montaigne. L'inscription latine offre un grand air de parenté avec ses artifices de style; les jeux de phrases, les oppositions symétriques (*sine palpo aut pipulo, polchræ vitæ, polchram pausam, bene merenti mœrens*, etc.), les archaïsmes autorisoient cette opinion; quant au grec, il dit lui-même qu'il n'en sait pas plus que ce que le vulgaire rapporte des écoles, ce qui concorde avec le jugement de Casaubon qui disoit de lui : *in græcis plane puer;* mais on pouvoit être

touiours la vostre; gardez moy ie vous prie lamitié que vous m'auez promise, et faites estat que ie suis et seray touiours,

Monsieur,

Vostre plus entier, plus affectionné
amy et serviteur,

DEBRACH (1).

De Bordeaux, ce 4 feurier 1593.

La lettre qui suit est extraite d'un recueil factice composé de copies de lettres écrites par Malvin de Cessac et d'originaux de lettres à lui adressées. — Ce volume appartient à M. J. Delpit, qui a bien voulu me faire cette communication.

Lettre de consolation à Mme de Montagnie (sic) *sur la mort de son mary, par M. de Cessac.*

Madame,

Je ne suis pas pour entreprendre de vous consoler en vostre perte ; elle est trop grande, trop publique, trop universelle, & j'ay trop peu de sens, de jugement et de discours pour rabatre un tel coup. Je me voudrois plus tost plaindre et adiouster mon regret au vostre dauoir perdu un personnage si rare, si vertueus & si louable, et qui me faisoit cest

encore très-fort et l'être moins que Casaubon, et Juste Lipse s'est aussi occupé d'inscriptions.

L'opinion de M. Lapaume, qui veut que l'auteur des inscriptions soit EMMANUEL DU MIRAIL, ne m'avoit pas ébranlé; mais celle de M. R. Dezeimeris et le remarquable travail dans lequel il l'a développée, attribuant les inscriptions en question à J. DE SAINT-MARTIN, m'ont complétement convaincu (voyez Dezeimeris, lettres à M. le docteur Payen. Bordeaux, 1861, pages 75 et 76), et j'adopte en tout ses conclusions.

(1) De Brach ne s'étoit pas borné aux paroles et nous trouvons dans la préface des *Essais* de 1595 des détails touchants, que je suis heureux de transcrire. — Marie de G. écrit : « Que ie sçay de gré au sieur de Brach de ce qu'il assista touiours soigneusement Mme de Montaigne au premier soucy de sa fortune : intermettant pour cet exercice la poesie dont il honnore sa Gascougne et ne se contentant pas d'emporter sur le siecle present et les passez, le tiltre d'unicque mary, par la gloire qu'il preste au nom de sa femme deffuncte, s'il n'enuioit encore celui de bon amy, par de tels offices, plus meritoires vers vn mort. »

honneur de maimer. Mais ce seroit considerer mon interest et augmenter dailleurs vostre doleur, que je voudrois diminuer s'il estoit possible. Mon debuoir donques & mon ennuy me laissent en beaucoup dincertitude et ne me permetent de voir ce que jay a suiure pour satisfaire à lun et amoindrir dautant lautre. Je ne perdrai toutes fois la souuenance au plus espes de ce trouble où je suis de vous dire que sur tous jay esté seruiteur très humble de feu monsieur de Montagne, et que sur tous jen veus cherir la memoire; et ore que je ne puisse egaler en moyens, valeur et suffisance un grand nombre de parans et amis siens et vostres qui vous sont demeurés comme pieces de ce naufrage qui vous est arrivé, si est ce que je ne veus ceder a nul deus en l'affection que jay de vous faire très humble service que je vous offre et dedie avec mesme voulonté, dont je desire que vostre vertu et prudence, aydée de la grace de Dieu, se fortifie de consolations qui vous sont necessaires en un tel accident, et que vous me teniés en conte pour jamais,

Madame, vostre très humble et bien affectionné cousin et seruiteur (1).

Marie de Gournay à Juste Lipse.

Monsieur, ie viens d'estre advisée tout à cette heure que nous n'estions qu'à deux iournées l'un de l'autre, au lieu que ie vous estimois eslogné de plus de cent lieues. J'en ay remercyé la fortune, et si ay pensé qu'elle balençoit encore à donner absolument la balotte noire contre moy, puis qu'elle me maintenoit en si bon et si heureux voisinage: iaçoit que

(1) Cette lettre n'est point signée; c'est une copie faite probablement par un secrétaire. Elle est la cinquante et unième du recueil.

La terre de Godefroy Malvin, seigneur de Cessac, étoit située (selon les expressions mêmes de Malvin dans une lettre adressée à la reine Marguerite) dans la paroisse de Saint-Just, en la juridiction de Penne en Agenois; il avoit été du Parlement comme son père; il est l'auteur des compliments en latin et en françois, adressés à de Brach et insérés en tête des poëmes de celui-ci; il a écrit aussi le poëme de *Gallia gemens*, dédié à son père (Carolo M.). Il étoit parent de Mme de Montaigne.

i'eusse cy devant creu qu'elle l'eust ia donnée du tout par deux ou trois articles de ses defaveurs. Vous ingerez combien les trois ensemble peuvent peser, puisque l'absence de mon pere n'est comtée que pour un. Si vous cognoissez que i'aye une ame capable de quelque chose de bon, vous ne doubtez pas combien les tempestes enragées de nre peys et cet eslognement imaginé m'ont faict de deplaisir en m'empeschant de vous rendre grace à poinct des lres que vous m'escrivistes, il y a plus de quatre ans (1) dez Noël passé. Je ne dis pas cela pour ce que i'aye obmiz ce devoir; mais d'autant que ie me doubte que vous n'aurez point reçeu celle que ie vous envoiay pour responce par la voye de Sumnius avec un petit traicté (2) sur l'alliance de mon pere et de moy. J'ay veu depuis ces lres imprimées parmy vre nouvelle centurie. Personne ne scait mieux que moy à combien de nouveaux remerciemens vous m'obligiez par là : mais i'ay esté contraincte d'en demeurer ingratte iusques icy, pensant n'avoir plus nul moyen de vous aborder, puis que le mesme Sumnius, recherché plusieurs fois auparavant, m'avoit mandé que le commerce estoit du tout rompu. Je diray donc que les petitz donnent les petites choses, et les grandz departent les grandes; c'est pour quoy vous n'avez pas pensé qu'un presant fust digne de partir de vre main s'il ne portoit quant & luy la gloire et l'immortalité. Dieu m'a denié ces grandz merites que vous m'attribuez; mais il n'a pas pourtant pensé me laisser pauvre, me donnant vre bonne grâce en compensation; s'il lui plaict un iour que ma ieunesse reussisse à quelque succez, ie confesseray tenir de vos louanges le courage qui m'y aura faict arriver. C'est par vous qu'on me cognoist et m'estime parmy les patriotes et les estrangers, & si n'ay

(1) La lettre à laquelle Marie fait allusion est sans aucun doute la première de celles que lui a adressées J. Lipse — c'est la première des imprimées —; elle ne porte pas de date, celle-ci lui en donne une : elle devoit donc être de 1589 —; elle commence par : *Quæ tu es, quæ sic ad me scribis?*

(2) J'ignore complétement ce que pouvoit être ce traité, il n'a point été imprimé que je sache, et M. de G. donnoit peut-être à J. Lipse quelques détails sur les circonstances qui avoient amené son adoption par Montaigne.

point de qualitez en moy qui me puissent faire meriter cela, si ce n'est l'estime que ie scay faire de vous. Quand me rendray-ie digne de vos temoignages? Certes le desesperé malheur de ce temps s'oppose trop à la progression de mon ame novice s'oppiniastrant à la priver de la très heureuse et salutaire presance de mon pere, dont ie ne fuz iamais en possession que deux ou trois moys (1) seulement. Miserable *orphelinage* (2)! si faut-il que ie te chasse à quelque prix que ce soit. Fut-il iamais un malheur pareil au mien? Il dedaigneroit de s'amuser à m'oster si peu de chose que mes biens et le repos public & particulier, s'il ne m'arrachoit aussy (detournant ce personnage de moy) les parcelles du seul adventage que Dieu se soit reservé par dessus les hommes, la sagesse et l'entendement. Dieu nous enseigne assez de combien cette mienne perte est plus grande que ne seroit celle d'un estat ou d'une couronne à celuy qu'on en dépouilleroit quand il prefere de si loing l'intelligence a l'empire, que d'estimer la sapience digne de luy et les hommes dignes de la monarchie; outre cet inconveniant, ie ne dis poinct à un Lipsius ny au protecteur des *Essays* combien il est grief d'estre privée depuis tantost cinq ans (3) d'un tel amy, et encore pour une ame si tendre et si pathetique que la mienne! Combien couste-t-il de reserrer si longuement tant de choses qui ne sont propres qu'à l'oreille d'un amy? tant de conceptions à communiquer qui ne sont que de la capacité de cetuy là (le deplaisir de les reprimer n'est guere moindre que celuy d'une femme grosse que l'on contraindroit par force de retenir l'enffant outre son terme) (4)? tant de conseilz à recevoir, tant de con-

(1) C'est en 1588 que Marie de Gournay connut personnellement Montaigne, que sa mère et elle emmenèrent au château de Gournay, où, d'après PASQUIER, il séjourna environ trois mois à diverses reprises.

(2) *Orphelinage;* le mot seroit-il de Gournay? Pasquier reproche à Montaigne d'avoir employé le mot *enfantillage* qui, dit-il, n'est pas françois. Le dernier l'est devenu, l'autre n'est pas loin de le devenir, on dit déjà : *Orphelinat.*

(3) La lettre est de 1593; les cinq ans reportent à 1588, les dates sont exactes.

(4) Marie de Gournay semble se souvenir ici de ce que lui écrivoit Juste Lipse en 1589 : *Curiosus enim sum, ut sciam (nouum monstrum) quid paritura sit virgo!*

solations, de discours et de remonstrances? En fin celuy qui peut porter en patience l'absance d'un perfaict amy, ie trouve qu'il est ou une beste ou un dieu. De ma part il ne m'est pas possible d'en cognoistre la presence et d'en patienter l'absance : et combien moings ie vous prie estant en tel aage où ie ne le puis perdre un an (moy misérable), que ie ne le perde peut estre la moitié de ce qui luy reste à vivre (1) ! Pardonnez moy ces ennuyeux discours ; ie les vois laisser pour vous prier de me dire ce que vous avez iugé des derniers *Essays*. Je voudrois qu'ilz se fussent rendus plus clairs en quelques lieux, et qu'en quelques autres ilz n'eussent pas dit si brusquement des choses de dangereuse interpretation si elles ne sont a plain eclaircies. J'entendz bien qu'ilz se sont contentez de l'intelligence des sages seulement et ne les puis accuser d'avoir meprize celle des ignorans, puis qu'aussy bien ne les peut on servir sans se faire tort. Mais il falloit avoir esgard aux espritz qui on la volonté bonne et les forces mediocres. Ce livre n'est pas l'entretien des apprentifz : il s'appelle la leçon des maistres (2). C'est le breviere des demy dieux, le contre poison d'erreur, le hors de page des ames, la resurrection de la verité, l'helebore du sens humain et l'esprit de la raison. Ces grandz escritz de l'antiquité sont les plus beaux par ou ils luy ressemblent le plus ; mais le dernier tome est la consommation et la perfection des deux premiers. Au surplus c'est un vin qui s'amende en vieillissant. Je l'ay trouvé meilleur le quatriesme an que le premier iour, & ne l'ay pas si bien gousté au boire comme au deboire. Changeant de propos, si vous croyez que i'aye la capacité de vous cognoistre, vous croyrez aussy que i'ay le desir de vous voir ; et vous asseuré que si i'en puis attraper l'occasion, ie m'efforceray de vous aller visiter & peut estre cet esté. Mon Dieu, combien est desirable la presance d'un homme qui entend & qui iuge ce que les autres n'entendent ny ne iugent point ! Je preoccupe desia ce plaisir par mes lr̄es, vous disant tant de choses

(1) Il étoit mort alors !
(2) Gournay reproduit ces mêmes appréciations dans sa grande préface.

qui me soulagent en les poussant dehors et neantmoings ne peuvent estre receues avec pertinence perfaicte aillieurs que chez vous. Je scay bien outre tout cela que ie ne vous pourray iamais aller voir que ie n'en revienne plus sage. Mais gardez cependant vr̄e santé, ie vous suplye comme le tresor de vos amys. Que ie sache aussy s'il y a longtemps que vous n'eustes de lr̄es de mon pere: il y a bien six moys que ie n'en receuz (1). S'elles tardent plus guere a venir, i'y manderay messager exprez (2). Quand à vous, les meilleures nouvelles que vous me puissiez mander par le premier, c'est que vous vous portez bien & que vous m'aymez. Ne craignez point comme vous faisiez par vos premieres lr̄es que ie vous publie illustrateur des lr̄es græques (3); le livret ou ie disois cela ne peut iamais se laisser voir au monde qu'il n'ait passé par vr̄e correction: & pour ce que vous m'en demandiez le tiltre, ie vous escrivois par celle dont ie presage la perte que c'estoit un traicté sur les *Essays*. Je vous envoye des verz qui sont faictz il y a quatre ans à l'adventure que ie m'acquiterois à cette heure avec plus d'ordre d'un tel dessein si ie l'entreprenois: i'entendz pourveu que ie n'eusse pas l'esprit ruiné de soucy comme ie l'ay. Faites moy ce bien de me mander sincerement si ces poesmes seroient dignes de voir le iour, avec quelques autres leurs freres dont on pourroit composer un petit livret. Je vous coniure de n'y espargner point les ratures si vous m'aymez. Vous y verrez des inventions toutes miennes, car ie n'ayme gueres l'emprunt. Que s'il avient qu'ilz soient du tout meprisez de vous, ne laissez pas pour cela de demeurer en bonne opinion de moy, car mon gibbier n'est pas la poesie; ie poursuis quelque chose de plus solide, & les vers ne sont pas mon ouvrage,

(1) Il y avoit justement six mois alors que Montaigne étoit mort!

(2) C'étoit le mode le plus assuré de correspondance dans ce temps, c'est de cette manière que Marie de Gournay a envoyé à Montaigne le manuscrit du PROUMENOIR.

(3) Dans la première de ses lettres, Juste Lipse s'élève contre les éloges que lui donne Mlle de Gournay à l'occasion du grec et il dit : *Candide, apud te candidam, videmus aliquid in Græcis, sed haud multum supra vulgum.*

ils sont seulement mon iouet. Vous en verrez deux fueilles. Vous addresserez vrē response chez Simon Caulier (1), à Douay, pour estre baillées à son disciple Romain du Feu. Adieu, Monsieur, ie suis trop heureuse si vous m'aymez autant que ie vous ayme & honore. C'est

Votre très asseurée & perpetuelle amye
à vous faire service.
(*Signé*) MARIE DE GOURNAY LE JARS.

A Cambray, le 25e d'avril 1593 (2).

A Monsieur,
Monsieur Lipsius,
à Louvains.

La même au même.

Monsieur, comme les autres mécognoissent à cette heure mon visage, ie crains que vous mecognoissiez mon stile, tant ce malheur de la perte de mon pere m'a transformée entierement! J'estois sa fille, ie suis son sepulcre; i'estois son second estre, ie suis ses cendres. Luy perdu, rien ne m'est resté ny de moy mesme ny de la vie, sauf iustement ce que la fortune a iuge qu'il en failloit reserver pour y attacher le sentiment de mon mal. Quel bienheureux eut iamais tant à iouyr que i'ay à plaindre? Quel miserable voudroit changer à moy? Quelle espece de misere eschangée à la mienne ne me seroit guerison? Je ne scay si ie doibtz demander pardon de mon impatience, mais ie scay bien que nul ne peut avoir

(1) On trouve le nom de Simon Caulier (Caulierus) dans *Athenæ belgicæ* de SWERTIUS, page 675. Il étoit de Flines, près Douai, et professoit la rhétorique au collége de Marchiennes; il a publié sur ce sujet un ouvrage mentionné dans la biographie douaisienne. Le disciple Romain du Feu étoit un étudiant du collége, correspondant, parent peut-être, de Marie de Gournay. (Note de M. Preux, de Douai.)

(2) Je donne plus loin une lettre de Juste Lipse, datée de juin 1593, qui répond à celle-là. — Montaigne étoit mort, Marie de Gournay l'ignoroit encore, et Juste Lipse lui annonce ce malheur dans le cas où, à l'époque où sa lettre arriveroit, Mlle de Gournay ne le connoîtroit pas.

bonne grace à me le refuser puisque nul ne peut monstrer qu'il ait faict preuve de constance en une calamité de pareil poix, la mienne estant sans pair. Où est cependant la raison? c'est elle mesme que ie plains morte : ie n'avois de la raison que par où i'aymois si dignement. Vous que vr̄e precellence oblige, ce me semble, à me cherir fraternellement (1), comme fraternellement ie vous cheris, souffrez que ie vous face pitié de mon desastre & pitié de ce qu'alors qu'il m'accabla la fortune s'opiniastra pour me refuser vr̄e assistance & consolation, sopposant à l'effort que certes ie fiz de m'acheminer verz vous exprez, affin de les aller chercher. Que vous eussay ie dit? Mes plaintes, à la verité, ne pouvoient estre bien oportunement receues que de vous, plus capable que tous de iuger combien elles estoient legitimes. Mais en fin vouliez vous que Dieu rendist un homme immortel? ie le supliois de m'appeller la premiere, ou pour le moins qu'il ne fust pas cause que chaqu'un estimast desormais inutile la pieté; refusant à la plus ardente qui fut onques et aux plus devotieuses prieres, cette seule petite faveur, que ie le revisse au moins une pauvre fois aprez avoir esté quatre ans absante, plustost de ma vie que de luy. Tantale & Promethée ne sont pas malheureux, puisqu'ilz ne sçavent que c'est de rencontrer le sepulcre de personne si aymée, si amye et telle où l'accueil d'un retour s'en estoit si longuement attendu. Or Dieu veuille que vous puissiez bien tost venir vous mesmes recueillir mes doleances à Paris, appellé comme on dit qu'il se va faire par la voix de la Republique (2) amoureuse de vr̄e valeur. Si vous venez, ie scay que personne du monde n'en aura tant d'aise que moy. Ie croy plustost que force gens en seront marriz : par ce qu'ilz craignent autant

(1) On voit dans deux des lettres de Juste Lipse qu'il traitoit Marie de Gournay de sœur.

(2) Il parott que déjà il avoit été question d'appeler en France Juste Lipse qui cherchoit à quitter Leyde pour échapper à la position fausse et difficile que lui avoit créée ses *Politicorum libri*; il ambitionnoit une chaire à Louvain et ce fut alors que plusieurs princes, notamment Henri IV, cherchèrent à l'attirer à eux. Ce projet ne réussit pas; mais plus tard, l'invitation de la France fut renouvelée par une lettre datée de 1603, laquelle se trouve à la bibliothèque de Leyde.

d'estre offusquez de v̄rē lumiere, que ie souhaitte d'en reluire. Je n'ay peu me garder de faire un long voyage pour voir le desolé tombeau de mon très bon pere, et suis pour cette heure entres les bras de sa femme et d'une fille que ses mœurs ne rendent point indigne de luy, ne son esprit aussy qui eust prins la peine de l'instruire. Ces dames et toute la maison de Montaigne me cherissent à merveille (1). J'emploiay l'esté dernier à faire imprimer les *Essais* fort emplifiez. Je les vous eusse envoyez dez Paris si i'en eusse eu le moyen : si ferois ie à cette heure, mais ie ne les ay pas. Ie les auray comme i'espere dans quelques mois et les vous feray tenir, aydant Dieu. J'ay faict une preface sur ce livre là, dont ie me repents, tant à cause de ma feiblesse, mon enfantillage et l'incuriosité d'un esprit mallade, que par ce aussy que ces tenebres de douleur qui m'enveloppent l'ame on semble prendre plaisir à rendre à l'envy cette sienne conception si tenebreuse et obscure qu'on n'y peut rien entendre (2). Partant, si les imprimeurs de v̄rē pays vouloient daventure imprimer les nouveaux *Essais*, ne permettez nullement qu'ilz y attachent cette piece, si ie n'ay paravant eu loisir de la vous envoyer corrigée : et vous en suplye et coniure comme celuy la vertu de qui veut que i'ose tout esperer de luy. Vous y estes mentionné deux ou trois fois et autant de fois encore en un autre petit livret (3) que i'ai faict imprimer depuis un an a l'honneur du trepassé : si ce n'est si dignement que vous meritez, c'est mon malheur plus que ma faute. Vous aurez, s'il plaict à Dieu, bientost la seconde impression de ce livret, où ie veux faire adiouster les l̄rēs que i'ay de mon pere; de vous envoyer la premiere impression ie n'oserois, car elle est monstrueuse de ce que la frescheur de ma perte m'empes-

(1) En 1593, Marie de Gournay traversa la France à la faveur d'un passe-port ; elle alla mêler ses larmes à celles de sa mère et de sa sœur d'alliance, et elle resta pendant quinze mois à Montaigne.

(2) Voyez sur les cinq états différents de cette préface, l'article bibliographique que j'ai donné sur Gournay dans le *Bulletin*, XIVe série, page 1286.

(3) Le *Proumenoir* de M. de Montaigne, Paris Abel Langelier, 1594, première édition. La deuxième, qui est de 1595, ne contient pas les lettres en question.

cha du tout de pouvoir arrester mon esprit à prendre garde aux imprimeurs. Et ce qui me teint ignorante de ce trepas si longtemps que vous avez veu, c'est que les lr̃es qu'on m'envoya soudain par l'ordonnance du mourant avec son tres cher adieu (1) se perdirent en chemin. Aymez moi, et me pleignez : ie ne merite que trop l'un; quand à l'autre ie me tiendray plus fiere de le meriter (en vous honnorant et servant) qu'un sceptre (2). L'addresse de vr̃e responce, que ie souhaitte fort, sera s'il vous plaict : a Monsr (3) Gaigniet banquier à Lion, pour faire tenir à Mad[lle] de Gournay, chez Monsr du Tausin, banquier à Bourdeaux. C'est,

Monsieur,

Vr̃e humble et plus affectionnée à vous faire perpetuel service

(*Signé*) Marie de Gournay.

A Montaigne, le 2me de may 1596.

A Monsieur
Monsieur Lipsius,
à Louvains.

La même au même.

Monsieur, si vous n'avez receu des lr̃es de moy depuis trois mois, c'est mon malheur et non ma faute. Au moins si vous avez quelque opinion de moy, ne doubterez vous iamais qu'en cela et par tout aillieurs ie ne veille (*sic*) rendre tous

(1) Dans la préface de l'édition de 1595, il est dit que Montaigne avoit chargé de ce soin son frère de La Brousse.

(2) A la fin de la préface du *Proumenoir*, dans le volume intitulé *l'Ombre*, Marie de G. dit à Montaigne : *Recevez un million de bons iours de vostre fille, aussi glorieuse de ce tiltre qu'elle la seroit d'etre mere des muses mesmes.*

(3) Je ne sais rien sur ce banquier Gaigniet, mais le nom de Tausin prête à un rapprochement intéressant. Ce nom a pu être commun dans le Bordelois. Taussin est le nom vulgaire d'une espèce de chêne (*Quercus cerris*); ce fut un M. de Tausin qui, le 2 août 1581, écrivoit à Montaigne qui étoit alors à Lucques, une lettre que celui-ci reçut le 7 septembre, aux bains *della villa*, par laquelle il lui annonçoit que, le 1er août, il avoit été élu maire de Bordeaux : ce pourroit bien être le même personnage. Montaigne étoit à Rome quand, le 1er octobre, la lettre des jurats lui parvint; il falloit donc que M. de Tausin eût un intérêt d'affection pour s'empresser de lui annoncer cette nouvelle.

debvoirs à l'obligation dont vous m'avez chargée, et que ie ne sois ambitieuse et ialouse de rechercher vrē bonne grace : espece de compensation à mon malheur. La me voudriez vous desnier, elle, que ie scauray meriter comme la fille de ce grand homme, et iouir comme votre seur (1). Vous n'avez pas oublié de m'avoir donné ce tiltre quand il ne se ramentevroit à vous que par le besoin et l'honneur qu'il me faict. Je vous envoye trois exemplaires des *Essais* que i'ay faict imprimer : l'un sera pour vous ; les autres ie vous suplye de les envoyer l'un à Basle, l'autre à Strasbourg aux plus fameuses imprimeries : affin que s'il leur prend envye de les imprimer, ilz ayent de quoy le faire seurement, ayant corrigé ces exemplaires de ma main propre (avec un soin extrême) sur quelques fautes eschapées en l'impression aprez l'Errata, et sur celles de l'Errata mesme, de peur que les imprimeurs ne negligeassent de se servir de luy. J'ay faict le mesme à vrē exemplaire, à celuy que i'envoye à Plantinus, et à d'autres dispersez par toutes les fameuses impressions de l'Europe. Aymez ce livre comme il vous ayme, et me faictes esperer que, si ie meurs, sa protection soit ressucitée en vous, que son merite doibt rendre ialoux de la voir tomber en autres mains. L'extreme obligation que i'ay verz luy, voudroit que ie vous coniurasse plus solennellement à luy prester cette assistance, n'estoit qu'en matiere de bons offices, ie scay qu'il ne vous faut pas provoquer, mais imiter. En (*sic*) ie

(1) Dans la lettre ci-après de Juste Lipse, par laquelle il annonce à Marie de Gournay la mort de Montaigne (juin 1593), il lui dit : *Quoniam pater tuus ille obiit, cense me fratrem*, et dans une autre lettre de mai 1597, il appelle Gournay, *virgo et soror*. Voilà donc encore un de ces exemples de parenté intellectuelle qu'on ne connoissoit pas pour Gournay. Elle s'appeloit fille d'alliance de Mme et sœur de Mlle de Montaigne, comme Montaigne étoit frère de La Boëtie, comme Marot avoit une mère d'alliance.

Dans cet ordre d'idées, la littérature, l'érudition constituoient une sorte de parenté : c'est ainsi que La Boëtie lègue sa bibliothèque à Montaigne et que la fille de celui-ci lègue la bibliothèque de son père à un chanoine d'Auch, que Montaigne mourant donne à Charron le droit de porter ses armes pleines, que Charron teste en faveur d'une des sœurs de Montaigne, que Marie de Gournay lègue sa bibliothèque à La Motte Le Vayer. — On peut dire comme l'écrivoit Charles de Gamaches à sa belle-mère Mme de Montaigne, que *les intelligences se marioient à leur tour.*

serois très marrie qu'il se r'imprimast que sur ces modelles. Vous verrez à sa teste huict ou dix (1) fueilles coupées : c'estoit une preface que ie luy laissay couler en saison où ma douleur ne me permettoit ny de bien faire ny de sentir que ie faisois mal : que n'estois ie lors près de vous ? au lieu de celle là, vous en trouverez une de dix lignes (2). C'est assez amplement me decouvrir au front de chose si belle iusques à ce que l'aage, vr̄e exemple et vos adviz me parent, ou pour le moins me decrassent. Quand à celle que ie suprime en ce lieu là, puisque ie ne la sçaurois plus arracher au peuple, aprez l'avoir repolie, ie la feray mettre à la queue d'un petit livre que ie fiz imprimer l'an dernier (3), enrichy trois ou quatre fois de vr̄e nom au lieu d'autre ornement. Vous aurez l'un et l'autre dans deux mois, si Dieu m'ayde, ou vous croirez qu'il ne tiendra pas à moy.

S'il vous plaict de m'escrire, ce sera par la voye d'Anvers ou par Lion addressant vos lr̄es au Sieur Vaire (4), banquier en cette ville là, pour estre données au Sieur du Tausin, banquier à Bourdeaux, qui les recevra commodement aussy venans par Anvers. Il me les fera tenir à Montaigne, où ie suis venue voir, comme ie vous ay ia mandé, les cendres, la femme et la fille de ce pere qui revivroit en moy si ie n'estois morte en luy. C'est,

Monsieur,

Vr̄e plus humble et plus affectionnée à vous faire service

(*Signé*) MARIE DE GOURNAY.

(1) La préface occupe neuf feuillets.

(2) Cette préface devoit être manuscrite et ces lignes doivent faire allusion à ce que j'appelle la *petite préface de Gournay*, celle qu'elle a insérée avant celle de Montaigne dans les éditions de 1598, 1600, 1602 et 1604 des *Essais*, chez Langelier.

Toutefois la *petite préface* mentionnée ici a dû être modifiée à l'impression, puisqu'elle occupe aux quatre éditions précitées 15, 16 et 19 lignes (*ie me rétracte de cette preface que l'aveuglement de mon aage*, etc.).

(3) Par conséquent en 1595. Il s'agit du *Proumenoir* dont la 1re édition parut en 1594, la 2e en 1595 et la 3e en 1599 chez Langelier. Ce n'est que dans cette dernière que la grande préface retouchée fut insérée.

(4) Je ne sais rien du banquier Vayre ; il a existé en 1602 à Lyon un notaire royal portant les noms de Jean Veyre.

Escrivez moi curieusement
de vrē santé.

Ce n'est icy que la tierce fois que ie vous escris depuis la mort de mon pere (1).

Le 15me de novembre 1596.

A monsieur
Monsieur Lipsyus,
(*la part oû il sera.*)

Juste Lipse à Marie de Gournay (ad Belgas, cent. I, epist. xv).

Montaigne étoit en correspondance avec Juste Lipse, qu'il qualifie dans les *Essais* « le plus sçavant homme qui nous reste, d'un esprit très poly et judicieux, vrayement germain à mon Turnebus. » Par suite, Marie de Gournay étoit entrée en relation avec l'érudit Belge, dont la correspondance imprimée comprend plusieurs lettres adressées à nos deux compatriotes (2). Parmi ces lettres, il en est une qui rentroit complétement dans le cadre de cet article, et J. Lipse annonce, lui aussi, à Marie de Gournay, la mort de son père d'alliance. En attendant que les lettres, d'ailleurs peu nombreuses, adressées par J. Lipse à Montaigne et à Marie de Gournay soient rapprochées des *Essais*, il m'a paru opportun de publier celle-là. Mais le célèbre triumvir écrivoit en latin, et j'ai trouvé que la transcription textuelle formeroit avec les lettres précédentes un bariolage qui ne seroit pas sans une certaine prétention. D'ailleurs mon article ne devoit pas être un objet d'étude pour le lecteur, et j'ai tenu à lui éviter ce travail, car le latin de Juste Lipse offre généralement une concision qui dégénère parfois en obscurité, au témoignage de Grotius, de Scioppius, de H. Estienne, de Balzac,

(1) Une lettre en 1593 et deux en 1596.

(2). J. Lipse écrivoit à Montaigne : *Je vous mets au nombre de ces sept sages tant celébrés ;* il admiroit en Montaigne *cette rectitude de sens et de jugement qui constitue la vraie philosophie, la science pratique de la vie ;* il termine ainsi une lettre : *Recevez, noble seigneur, les cordiales salutations d'un ami auquel vous serez toujours cher, pour qui vous serez toujours grand.*

de La Mothe Le Vayer (voir la dissertation de Sam. Werenfels de Bâle : Amsterdam, 1716, *De Meteoris orationis*). Mais, d'un autre côté, j'ai jugé que ce commensal de Tacite et de Sénèque seroit un bien rude jouteur pour moi. J'aurois craint d'offrir à mon lecteur, *non veterem Lipsium, sed ejus umbram*, comme il dit lui-même à Marie de Gournay. Heureusement, un érudit qui consacre à la latinité moderne une partie de ses studieux loisirs, M. P. Rostain, de Lyon, a bien voulu me prêter son assistance, et, quoiqu'il ne se montre pas complétement satisfait de sa translation, qu'il appelle une paraphrase, le lecteur, moins difficile, ne sera pas de cet avis, s'il prend la peine de conférer la traduction avec l'original (1).

A mademoiselle Marie de Gournay, à Cambrai.

J'ai reçu votre lettre, Mademoiselle, et je l'ai lue avec un plaisir extrême. Voici donc que nous sommes une fois séparés par une bien petite distance ! Je brûle du désir de vous voir et de m'entretenir avec vous, et je ne désespère pas d'obtenir cette faveur dans le courant de l'été, si je puis me rendre à Douai ou à proximité de cette ville : car je suis à peu près décidé à essayer des eaux de Spa (2) pour le rétablissement de ma santé. Mon corps est en effet, chère Demoiselle, dans un état de langueur ; mais mon esprit conserve habituellement sa vivacité, quoique par accès une bile amère et fuligineuse l'enveloppe comme d'un brouillard ; il sent alors qu'il déserte ses fonctions et s'en afflige, mais sa volonté de les remplir ne change rien à son impuissance. Que faire à cela ? Nous sommes de foibles créatures, hommes pourtant, espèce privilégiée et d'origine céleste, mais enchaînée à la terre pour un temps qu'elle ignore. Heureux ceux que le ciel revendique après ces jours d'esclavage ! Votre père a vu le

(1) J'ai publié antérieurement une lettre de Marie de Gournay à Ericyus Puteanus qui succéda à J. Lipse. Cette lettre témoigne de l'estime respectueuse que professoit cette savante fille pour le célèbre triumvir.

(2) Il s'agit du projet d'abandonner Leyde dont j'ai parlé dans une note précédente, et dont le voyage à Spa pouvoit être un prétexte.

terme des siens ; je vous transmets cette fatale nouvelle, si vous ne l'avez pas reçue encore ; je la confirme si elle vous a été donnée. Nous l'avons perdu ! Que dis-je ? il a pris congé de nous, cet excellent homme, ce grand et vénéré *Montagne*. Il a pris son essor (1) vers ces invisibles *montagnes* de l'immortelle patrie. On me l'a écrit de Bordeaux (2), et comme je remarque que votre dernière lettre est déjà un peu ancienne, je présume qu'une autre main m'a devancé en vous portant ce coup douloureux. Cependant, appellerons-nous cela un malheur? Le sage, s'il lui est donné de connoître notre affliction, ne fait que rire de notre foiblesse, car j'imagine qu'il a accueilli la mort avec cet enjouement qui lui étoit naturel, qu'il a triomphé de la mort même quand il sembloit en être vaincu. Il s'en est allé ! Nous aussi nous nous en irons ! Pourquoi n'envierions-nous pas de faire dès à présent le même voyage, dans ce débordement de calamités publiques et privées? Votre belle France est en proie à des fléaux de toute espèce, notre Belgique est aux abois. Rien surtout n'est plus désolant que l'aspect de la contrée où je suis. Mon esprit se maintient pourtant au-dessus de tant de maux, si ce n'étoit que parfois il cède à la maladie, qui dans sa cruelle obstination trompe, hélas ! tous les efforts de l'intelligence et de la raison la plus exercée. Quand je dis qu'il se lasse d'une vaine résistance, ce n'est pas qu'il s'abandonne jusqu'au sacrifice de ses convictions ou de ses sympathies ; mais il ne conserve pas dans l'accomplissement de ses fonctions la fermeté primitive, il ne se sent pas en état de soutenir les regards ; je crains que vos yeux ne me reconnoissent pas, si je me montre à vous, que vous ne trou-

(1) *Nuncio tibi.... abiisse....* MONTANUM *nostrum ad æthereos illos* MONTES, un de ces traits dans le ton de Sénèque où l'esprit prend la place du sentiment : *frigidula acumina.* C'étoit, du reste, une manière que Juste Lipse s'étoit faite, c'est ainsi qu'il écrivoit à son ami Théod. de Leuw : *Ita indigitavi Mich. Montani librum gallicum* GUSTUUM *titulo valde ad meum* GUSTUM, traduisant, pour jouer sur le mot ESSAIS par GUSTUS, comme de Thou et Sainte-Marthe ont traduit par *Conatus* et Freytag par *Tentamina*.

(2) Ce passage fait allusion à la lettre de P. de Brach, datée de Bordeaux, février 1593.

viez plus, au lieu du Juste Lipse d'autre fois, que son ombre. Cependant de même que le soleil perce de temps à autre le voile de nuages qui l'obscurcit, l'esprit de votre ami retrouve aussi par moments quelques vives illuminations.

En voilà assez sur ce sujet ! Je vous aime, savante fille, mais de ce chaste amour que j'ai voué à la sagesse. Rendez-moi le même sentiment, et puisque votre père a cessé de vivre, regardez-moi désormais comme votre frère (1).

Louvain, IX des cal. de juin 1593 (2).

P. S. — Je me suis assez occupé de Marie de Gournay dans cet article pour qu'il me soit permis d'insérer un *hors-d'œuvre* qui complétera et rectifiera la note bibliographique que j'ai donnée antérieurement au *Bulletin* sur cette savante fille.

J'ai mentionné un opuscule rare (je n'en connois qu'un exemplaire), in-4, intitulé : *Remerciement au Roy*, 1624. C'est un extrait de Ronsard, publié par Gournay, avec des corrections nombreuses attribuées à l'auteur même. Malgré l'affirmation de Gournay, j'avois bien quelques doutes sur la légitimité de ces modifications. Mais M. Blanchemain les a changés en certitude, en me renvoyant à la vie de Ronsard, par Colletet. Ce biographe dit que Marie lui avoit soumis le projet de réviser toutes les œuvres du grand poëte, dans le but de soutenir sa réputation sapée par Malherbe et son école, et qu'elle lui avoit montré un échantillon de ce travail (ce ne peut être que la harangue en question du duc de Guise). Colletet chercha à dissuader Gournay, et on peut croire qu'il a réussi. C'est une espèce de plagiat *à l'envers*, et Gournay, faisant à Ronsard l'aumône de sa propre poésie, rappelle un peu le proverbe : *Porter de l'eau à la rivière.*

J. F. P.

(1) *Et quoniam pater tuus ille obiit, cense me fratrem.* En effet, Juste Lipse commence une lettre postérieure à celle-là par *Virgo* et *soror*.

(2) De la part de Juste Lipse, cette lettre étoit une réponse à celle que lui avoit adressée Marie de Gournay en avril 1593. — Montaigne étoit mort alors qu'elle écrivoit, et comme sa lettre montroit qu'elle ignoroit cet événement, il étoit naturel que Juste Lipse écrivant quelques mois après en fît mention.

Montaigne dit quelque part : — *Il ne faut que l'épître liminaire d'un Allemand pour me farcir d'allégations,* — à mon tour je puis dire, (longè propinquus ab illo) quand il s'agit de l'auteur des *Essais*, le difficile est de s'arrêter.

Ici donc, puisque j'ai fait mention de P. de Brach, je donnerai un sonnet qui est certainement peu connu et qui est adressé à Montaigne par le chantre d'AYMÉE, et un huitain, dédié au même, et qui est à peu près ignoré, car il ne se trouve que dans certaines éditions primitives fort rares de Tabourot ; enfin, pour compléter l'article nécrologique sur Montaigne, je reproduirai le texte *perdu* d'une inscription rédigée par ce philosophe en mémoire de la Boëtie.

Voici le sonnet extrait des *Poëmes* de P. de Brach. Bourdeaux, 1576, in-4, f° 137, ou, *OEuvres poétiques*, de P. de Brach. recueillies et annotées par R. Dezeimeris, t. II, p. 153.

A M. de Montagne, Conseiller en la Cour.

Montagne, tu me dis que ce temps misérable,
 A mes vers produira vn fertile argument,
 D'où ie pourrai chanter aussi diuerçement
 Comme est diuers l'effet d'un temps si variable.
Je ne sçauroi chanter en vn temps desplorable,
 Ains au lieu de chanter, ie voudroi seulement
 Soubs vn vers adeulé (1), déplorer tristement
 Le malheur de la France en son mal incurable.
Mais de quoi seruiroit de plaindre son malheur ?
 Si ce n'est d'augmenter le cours de ma douleur
 Despuis qu'à nul remède elle ne veut entendre?
Despuis qu'en sa fureur sa lâche trahison
 R'aguise encor son fer, & souffle le tison,
 Qui la doit remeurtrir et couurir de sa cendre.

(1) Je ne trouve pas le mot *adeulé* dans les vieux glossaires, il doit signifier *en deuil*, on disoit autrefois *deul* pour *deuil*, *chagrin ;* se *deuler* pour *s'affliger* (dolor, dolere).

.... Vostre ami....
Bien loin de vous et grandement *se deult*.

Les Tovches dv Seignevr des Accords, *cinquiesme liure dedié à illustre Seigneur Ioseph de la Scale* (*Paris*, *J. Richer*, 1588).

Au verso du feuillet 65, Tabourot (1) a inséré la pièce suivante :

Vers de l'avtheur faits par luy comme lon tiroit la dernière fueille.

A Messire Michel de Montagne, cheualier de l'ordre du Roy.

Quiconque voit la nette purité
De tes escrits, les lit de tel courage
Que si c'estoit quelque gentil ouurage
Qu'il eut iadis luy-mesme médité :
Puis tout raui de sa simplicité,
Recognoissant ton style inimitable,
T'adore ainsi qu'une diuinité,
Te voyant seul à toy mesme semblable.

LA BOËTIE.

Toutes les personnes qui ont décrit le château de Montaigne et sa bibliothèque, ont répété cette phrase insérée par Jouannet, dans *le Musée d'Aquitaine* : « Sur la frise on « lisait une inscription touchante en l'honneur de la Boëtie. » Cette inscription est détruite depuis près d'un siècle, car

(1) Dans la plupart des éditions de Tabourot, les Touches ne forment qu'un seul livre, mais l'état primitif (1585, 1586, 1588, Paris, J. Richer, in-12) est très-différent. D'abord les Touches sont divisées en 5 livres publiés en 2 volumes, l'un comprenant les trois premiers, l'autre les deux derniers; puis, dans les uns, il y a des touches et des contre-touches (liv. 1, 2 et 3); dans d'autres (le 4e), il y a un texte latin extrait de Douza, Velius, Bossartus, Cælius, Calcaginus, Rivetus, Paschasius, Ausone, et surtout Martial, et la pièce de vers françois n'est qu'un développement, une imitation, ou une traduction, ou bien (le 5e livre) il y a une touche, une contre-touche et *une considération*, constituée par une glose souvent très-développée.

Les touches les plus récemment publiées ne donnent aucune de ces pièces accessoires et représentent à peine un cinquième de l'état primitif qui mériteroit certainement d'être reproduit intégralement.

C'est dans le 5e livre que se trouve le huitain adressé à Montaigne, lequel n'a pas été reproduit depuis.

Les exemplaires des 5 livres de touches sont rares. Il faut un privilége à chaque volume et un feuillet d'errata au premier. Je ne connois de complet qu'un seul exemplaire.

une description manuscrite du château la mentionne en 1778 comme à peu près illisible à cette époque ; heureusement que peu d'années auparavant, et déjà très altérée, elle avoit été relevée par Prunis ; mais en partie seulement, et d'une manière très-infidèle, avec d'autres inscriptions.

Je connoissois ces notes de Prunis depuis plusieurs années, et j'avois l'espoir, toujours déçu, d'en profiter, de m'occuper de l'ensemble des inscriptions et d'en donner peut-être le dernier mot, même après le travail intéressant publié, depuis, sur ce sujet par MM. Galy et Lapeyre (1).

J'en détache l'inscription perdue, laquelle étoit tracée *sur la frise qui ornait la tablette supérieure* des cinq qui supportoient les mille volumes dont Montaigne dit être entouré.

« Dulcissimi suavissimiq. sodalis et conjunctissimi, quo « nihil melius vidit nostra ætas, nihil doctius, nihil venus- « tius, nihil sane perfectius, Michael Montanus, tam charo « vitæ præsidio misere orbatus, dum mutui amoris gratiq. « animi.... nect.... immemoris, singulare.... quod extare « cuperet monumentum, quando.... significente potuit, eru- « ditam hanc.... præcipuam supellectilem, suas delicias....

Quel que fut l'état de cette inscription, elle a été évidemment mal transcrite ; *Significente* est un gros barbarisme ; *immemoris* n'a pas d'emploi, probablement il étoit écrit *memor*, et les syllabes ajoutées appartiennent aux mots voisins, etc.

On peut se demander si en tête de cette inscription il n'étoit pas écrit PIIS MANIBUS, qui se relieroit aux génitifs qui la commencent ; mais l'inscription étoit plutôt *commémorative* que *mortuaire*, et les génitifs en question sont régis par *monumentum*. Peut-être y avoit-il MEMORIÆ.

Prunis traduit en françois les phrases principales, mais sans chercher à compléter le sens, et encore fait-il plusieurs contre-sens.

Voici, du reste, sa traduction :

« Michel Montaigne, privé de l'objet le plus cher à son cœur, de l'ami le plus tendre et le plus cher, de l'homme le

(1) Voy. MONTAIGNE CHEZ LUI, *Lettre à M. le Dr J.-F. Payen*. 1861, 8°.

meilleur, le plus savant, le plus aimable et le plus parfait de notre siècle, qui a voulu que cette riche bibliothèque, dont il faisoit ses délices, fut un monument de sa tendresse..... »

Après bien des tentatives on peut, sinon restituer l'inscription telle qu'elle devoit être, au moins lui donner un sens par la leçon suivante :

« Dulcissimi, suavissimique sodalis et conjunctissimi, quo « nihil meliùs vidit nostra ætas, nihil doctiùs, nihil venus- « tiùs (1), nihil sanè perfectiùs, Michael Montanus, tam « charo vitæ præsidio misere orbatus, dum mutui amoris, « gratique animi [quo] nect [ebantur] memor, singulare [ali] « quod extare cuperet monumentum, quando [nihil posset] « signific [antiùs] (2), posuit (3) eruditam hanc [et mentis] (4) « præcipuam supellectilem (5), suas delicias. »

Quant à la traduction de cette pièce toute d'une haleine, chacun pourra en faire une à sa guise; littérale, elle seroit bien pâle; faite librement, ce n'est que par une paraphrase étendue qu'on peut arriver à en rendre le sens. Ainsi, par exemple, pour le dernier membre de phrase, la pensée est celle-ci : « lui a consacré cette portion érudite, la plus pré- « cieuse de son mobilier (celle qui forme) ses délices. »

M. Pillon bibliothécaire au Louvre restitue ainsi : . . . *animi eos (ou illos) nectentis memor, singulare aliquod extare cuperet monumentum, quando non significanter potuit, eruditam hanc dicavit præcipuam supellectilem, suas delicias.*

(1) *Venustiùs*, évidemment, dans la pensée de Montaigne, s'applique aux qualités de l'esprit; de sa personne, La Boëtie n'étoit rien moins qu'*élégant*.

(2) Quintilien et Cicéron ont employé le mot *significantiùs*. Le premier a dit : *Quò nihil inveniri potèst significantiùs*. Cap. 8, 2.

(3) Si on maintenoit le *potuit* primitif, il faudroit introduire le mot *sacravit* entre *hanc* et *præcipuam*.

(4) *Supellectilem* (avec un seul P. Quelques éditions classiques en mettent deux) *mentis* est bien dans le ton épigraphique. C'est ainsi qu'on a dit des bibliothèques que c'étoient *la médecine*, *la curation*, *de l'esprit* : ἰατρεῖον τῆσ ψυχῆς.

Paris, novembre 1862.

(Extrait du *Bulletin du Bibliophile*, publié par J. Techener.)

Paris. — Imprimerie de Ch. Lahure et Cie, rue de Fleurus, 9.

Or ie sçay Monsieur que vous avez eu ey beaucoup d'amitié, & ey beaucoup d'estime feu Monsieur de Montaigne vous en avez donné des tesmoignages publiques durant sa vie donnez en apres sa mort. Nous faisons dresser une piramide pour son cercueil, un plinte sera reservé pour ce que vous dedierez a sa memoire, Je garde tousiours la vostre, gardez moy ie vous prie l'amitié que vous m'avez promise & faites estat que ie suis & seray tousiours

Monsieur

De Bordeaux ce 4 fevrier 1593

Vostre plus entier plus affectionné amy & serviteur

Debrach

A Monsieur

Monsieur Lipsius

A Leyden

S'il vous
plaict de m'escrire ce sera par la voye d'Anuers, ou
par Lion addressant vos l̄res au sieur Vaire Banquier
en cette ville la, pour estre données au sieur du
Laugin Banquier à Bourdeaux, qui les receura —
commodément aussy venans par Anuers. Il me les fera
tenir à Montaigne, où ie suis venue voir comme ie
vous ay ia mandé, les cendres, la femme & la fille
de ce pere qui reuiuroit en moy si ie n'estois morte en
luy. Le 19 me de Nouembre 1596. Escriuez moy
curieusement de vr̄e santé. C'est

Monsieur

Vr̄e plus humble & plus
affectionnée a vous faire seruice
Marie de Gournay

Ce n'est icy que la Xe fois que
ie vous escris depuis la mort de mon
pere

C'est
une engagerresse et perpetuelle amye
a vous faire service
Marie de Gournay le Jars

A Cambray le 25me d'avril 1593

I. Lipsius Abr. Mylio S.D.

Valde tuus adventus cum sermone [illegible], quem Cornelius tuus misit. Aiebat illum tuum affinem, cum filio: et velle ut aliquid ad pe- [illegible] litterarum. Feci. Nec [illegible] in [illegible], aut aggressus ad eum [illegible]. Si [illegible], [illegible] te: si [illegible], [illegible] quod et me est [illegible] pro nobis. Classis [illegible] modo [illegible] aut abest, aut [illegible] ad nos [illegible] et [illegible] aliquam [illegible] magna quam [illegible] V[illegible] [illegible] Amicitiae [illegible], ad me [illegible]. Quin et te [illegible], mi Myli, cum [illegible]. Vale. Lugd. Bat. IV. Kal. Sextil. ∞. Io. LXXXIX.

Humaniss.o ac
doctissimo viro
Abrahamo Ortelio.

devotissimus et obsequentiss.
cliens

Lovanij, IX. Kal.
Mart. ∞.IↃC.V.

I. Lipsius

Lovanij, VII. Kal.
Iul. ∞. IↃC.

Iustus Lipsius
animo atque operâ
addictus.

www.ingramcontent.com/pod-product-compliance
Ingram Content Group UK Ltd.
Pitfield, Milton Keynes, MK11 3LW, UK
UKHW021206230726
13926UKWH00001B/339